精神科医Tomyの

自己嫌悪の抜け出し方

精神科医Tomy

日本能率協会マネジメントセンター

第1章 あなたはなぜ自己嫌悪してしまうのか？

第3章 自己嫌悪から抜け出す処方箋

Q

私は自己肯定感が低く、普通の人と同じようになるために努力をしないといけないと思ってしまいます。ミスなどをしたときに「まぁいいか」と思えないのはもちろん、誰かに「考えすぎだよ」と言われても、それを素直に受け取ることができません。

Q

4 一人反省会タイプ 104

相談 108

人と話した後に、自分の発言に後悔する「一人反省会」がしんどいです。基本的に人と話すのが好きなので、いろんな人と話してみたいのですが……。

Q

5 「～しなければならない」タイプ 112

相談 115

私はいつも、「仕事はこうするべき」などと考えてしまいます。たとえば、「顧客への返事は1時間以内にするべき」「先輩の雑用は私が引き受けるべき」「上司にはNOと言わないべき」などです。その結果、やることが多くなりすぎて、いつもいっぱいいっぱいになります。そして、そんな自分が嫌いになってしまいます。「そこまでがんばらなくてもいいよ」と声をかけてもらうこともあるのですが、どうしたらいいのかわからず、結局同じことの繰り返しです。

一体どうしたらいいでしょうか？

第4章

劣等感との向き合い方 135

第5章 自己嫌悪から抜け出すためのワーク

第 1 章

あなたはなぜ
自己嫌悪して
しまうのか？

自己嫌悪の正体

「自分がなんとなく嫌い」という人は案外多いものです。
自分のことが好きになれず、自分の決断や行動も好きになれず、結果として、常になんとなくモヤモヤしがちです。

この**「自己嫌悪」の正体は、ずばり「不安」**です。
生きている以上、毎日たくさんの決断や行動をしなければいけない。
しかし、何かを選ぶということは、何かを選ばないことでもあります。
自己嫌悪に陥りやすい人は、**「自分の決断や行動によって失敗したらどうしよ**

う」「誰かに迷惑をかけたらどうしよう」と不安になりやすいのです。

その結果、自分のことを好きになれなくなる。

自分を嫌いになることによって、この不安に対して逃げ道を作ってしまうのです。

もし、うまくいかなかったら、もし他人のほうが正しかったら、「嫌いな自分」のせいだったと思うことにする。

やっぱり自分が悪かったんだ、そしてそんな自分が私は嫌いなんだ。

そう思うことで、この不安を軽くしようとするのです。

しかし、この方法ではどんどん自分が嫌いになっていきます。

うまくいかなかったと思うたびに、さらに自分のことが嫌いになるからです。

もしうまくいったとしても「それはできて当たり前、誰でもできることだ」と考えてしまう。

一旦自己嫌悪のクセが身についてしまうと、どんどん自分を肯定的に捉えられなくなってしまうのです。

そして、最終的には自分の意見すらわからなくなってしまう。

自分の人生が自分でなんとかできるとは思えなくなってしまいます。

誰かの意見に合わせてしまい、他人の言う通りに行動するようになります。

こういう人にとって「自己肯定」という言葉はあまりに重く、どこか遠くの世界の話のように感じられてしまいます。

しかし「自己嫌悪」は放置しておくと、どんどん肥大化していき、人生の達成感を奪っていきます。

「自己肯定」とまではいかずとも、せめて「自分が嫌いじゃない」という程度にしておくことが大切なのです。

あなたが自己嫌悪してしまうのは「理想」があるから

では、この「自己嫌悪」について、もう少し紐解いていくことにしましょう。
前項で自己嫌悪の正体は「不安」だと述べました。この不安は一体何から生まれるのでしょうか。

それは**「失敗したくない」という気持ちから生まれます**。
自分の決断や行動によって失敗することを恐れるのです。
そしてその「失敗」は、自分の「理想」とのギャップによって生じます。

つまり、**自己嫌悪しやすい人の心には、必ず理想があります。**

理想と比べたら、誰だって「失敗」したことになってしまいます。

いつも自分のことを減点方式で採点しているのですから。


そのため、いつまでたっても「成功」は訪れず、自分はいつも「失敗」ばかりするダメな人間に見えてしまうのです。

これは言い方を変えると「完璧主義者」とも言えます。

ただその矛先《ほこさき》が他人ではなく、常に自分に向かってしまうというわけです。


こんな有名な話があります。

砂漠の中で、コップの中に水が半分入っている。

楽天的な人は「半分も水が残っている」と考えます。

一方、完璧主義者は「半分しか水がない」と考えます。

自己嫌悪してしまう人にとって、自分自身は常に「半分しかない水」なのです。

ただ、決して理想を持つことが悪いわけではありません。

むしろ理想を持つことは、物事をプラスにするはずです。

自己嫌悪する人の問題点は、「理想」の扱い方にあります。


理想は本来、自分の方向性を示すものです。できるかできないかは別として、「こういう形に持っていきたい」と示すものが理想なのです。

理想をうまく扱える人にとって、成功も失敗もありません。

理想はあくまで目標や夢だからです。

つまり理想はポジティブな存在なのです。


しかし、**自己嫌悪してしまう人にとって、理想は自分の至らなさを示す指標**にしかなっていません。理想の扱い方が重要なポイントなのです。

つまり、それは考え方次第で、自己嫌悪が消えるということでもあるのです。

自己嫌悪に陥る６つのきっかけ

きっかけ 1 周囲に劣等感を抱いたとき

自己嫌悪に陥りやすい人は、他人と自分を比較しがちです。

そしてこの「比較」は、たいてい自分を嫌悪するための材料として使われます。

もともと、自動的に「自分が嫌いである」という思考が沸き上がってしまうがゆえに、その材料となってしまうのです。

さらに、上には上がいます。

どこにいても、自分がどんな状態にあっても、自分より優れた特性を持つ人は必ずどこかにいます。

それゆえ、自分より優れた人を見つけては、ちょっとモヤッとしてしまうのです。

たとえば、自分の横に座っている同僚が、よい結果を出したとき。直接自分が比較されていなくても、その同僚が褒められている様子を見聞きして、「ああ、私にはとてもそこまでできないな」と感じてしまうのです。

そして、そんな自分が嫌になってしまう。

家にいても同じです。

親から兄弟の朗報を電話で聞く。

「お兄ちゃん、部長に昇進するんだって」

「妹がプロポーズされたよ」

本来は祝わなきゃいけない。おめでとうという気持ちはある。

でも、「それに引き換え私は」と自動的に考えてモヤッとしてしまうのです。

これは言い方を変えると**「劣等感」**です。

「自分は誰かよりもできない」いつもそんなことばかり考えてしまうのです。

きっかけ② 失敗したとき

人は誰でも失敗をします。

失敗をするのは当然で、その失敗から学び、次に生かすわけです。

ですから、失敗をするのは当たり前のことなのですが、自己嫌悪に陥りやすい人にとってはそうではありません。

失敗したことに気が付いた瞬間に、「なぜ、自分はこんなこともできないのだろう」と考えてしまいます。

失敗をしない人はいないので、日常的にどんどん自分のことが嫌いになってしまうのです。

また、**「失敗」というのは「自分の思った通りにならないこと」**です。

自己嫌悪に陥りやすい人は完璧主義であることが多く、**「自分の思った通り」のレベルが高い**ことがあります。

そうするとさらに「失敗」だらけに感じてしまうのです。

その結果、端から見て、むしろ仕事ができる人であったとしても、本人の心の中では、「私は失敗ばかりの人間」と認識していることすらあるのです。

きっかけ③ 解決が難しい悩み事に直面したとき

人生、ときには「何をどうしたらいいのか」わからない悩みに遭遇することがあります。なかなか解決しない。それどころか、何をどうしていいのかわからない。

そんなときにも、人はふと自己嫌悪に陥る、自分のことがなんとなく嫌いになってしまいます。

なぜそんなことが起きてしまうのかというと、**「自己効力感」が得られないから**です。

自己効力感というのは、スタンフォード大学教授で心理学者のアルバート・バンデューラ博士によって提唱された概念です。

何か問題に向かうときに、**「自分ならできる、なんとかなる」と思う感覚**のことです。

人は問題に直面した時に、道筋を立ててトライアンドエラーで進めていきます。

しかし、全く何をどうしていいのかわからない問題に遭遇すると、これができません。

ただ大きな問題の前に立ちすくむしかなくなってしまいます。

すると「きっとなんとかなる」という自信が失われ、そんな自分をみじめに思ってしまいます。

だからまた自分のことが嫌いになるのです。

きっかけ④
「あのときこうすればよかった」と後悔したとき

人には、よく考える**「時制」**というのが存在します。

「過去」を考えやすい人、「今を考えやすい人」「未来を考えやすい人」です。

そして、**「過去」を考えやすい人は、よく後悔します。**

そして、自分のことが嫌いになりがちです。

なぜならば、「過去」を考えやすい人が一番考えるのは、過去へのネガティブな思い、「後悔」だからです。

なぜ「過去」を考えやすい人が後悔しやすいのか。

それは、人はとりとめのないことをよく考えるからです。

もし、とりとめのないことであれば、「結論」が出たらそれ以上考える必要はありません。

だから、結論の出ないことを考え続けるようになります。

「過去」を考えやすい人にとって、結論の出ないことは「後悔」です。

過去は変えられませんから、どんなに後悔しても尽きることはありません。

それゆえ、いつも後悔することになります。

そして、**「後悔」というのは自分への否定でもあります**。

「なぜこうしなかったんだろう」「こうできなかったんだろう」と自分を追い込むことになります。

それが自己嫌悪へとつながっていくことになります。

ちなみに「未来」を考えやすい人は、とりとめのない「不安」を感じることが多いです。

将来何が起きるのかなんてわかりませんから、不安を感じ続けることになります。

一番よいのは、「今」を考えやすい人です。

「今」なら自分の意志で動かせるからです。

きっかけ5 理想と現実にギャップがあるとき

人にストレスを与えるものの1つに、「期待」があります。

人は「期待」を持った瞬間から、ストレスを抱きます。

まず「期待通りにいくのだろうか」という不安を感じます。
事の成り行きを、不安を抱えながら、見守る羽目になるのです。
「期待」が心を束縛すると言ってもいいでしょう。

そして、期待通りにならなかった場合、怒りや悲しみなどのネガティブな感情が沸き上がってきます。
その意味で、**「期待」は2段階のストレスを与える**と言ってもいいでしょう。

一番ストレスが少ないのは「期待通りだった場合」のみです。
しかしこれとて、あまりポジティブな感情にはなりません。
よくて「期待通りでよかった」という束の間の安心程度です。
期待の大きい人であれば、「これで当然」と考えてしまいます。
その場合はポジティブな感情ですらなく、プラスマイナスゼロぐらいのものです。

そして**「期待」がやっかいなのは、たいてい無自覚であることです**。

そのため、もし「期待通り」だったとしても、次のことに「期待」してしまいます。

この**「期待」が自分に向けられると、理想と現実のギャップに苦しむ**ことになります。

「自分は本来こうあるべきだ」と期待し、そうでない自分に苦しみます。

それが自己嫌悪につながるのです。

きっかけ6 意図せず人に嫌な思いをさせてしまったとき

罪悪感を抱きやすい人も自己嫌悪に陥りやすいものです。

罪悪感というのは、自分を悪い、罪な存在であると認識すること。

まさに、自己嫌悪そのものだからです。

罪悪感というのは、「相手に悪いことをしてしまった」と認識した瞬間に起きます。

言い方を変えると、それまでは自覚していなかったとも言えます。

悪気はなかったのに、自分の起こした言動によって相手に嫌な思いをさせる。

こんなことは日常的にいくらでも発生します。

たとえば、相手を褒めたつもりが、相手の気にしていることだったとき。

よかれと思って仕事を引き受けたら、他の人がやりたかったことだと気づいたとき。

しかし、たいていの人は、軽く謝って流すか、あるいは自覚すらしないことがほとんどです。

本当の「罪」は、本人が自覚もせず、悪いとも思わず、周囲を傷つけるようなことです。

だから罪悪感を抱きやすい人は、本来は何も悪いことはないのです。

しかし、こういった人は「相手に悪いことをした」という思いだけが積み重なり、心の中の「自分」はかなり罪深い存在になってしまっています。

言い方を変えると、**幻想の「罪深い自分」を作りあげている**とも言えます。

結果として、そんな自分がとうてい好きにはなれず、自己嫌悪に悩まされてしまいます。

自己肯定感が持てなくても、自己嫌悪を手放せばラクになる

「自己肯定感」という言葉が定着して久しいですが、この言葉、とてもわかりにくいと思いませんか？

なんだかよいもので、必要なものである気がする。

そして、これさえあれば生きやすくなるような気がする。

しかし、よくわからない。

その理由は**「自分を肯定する」ということが、わかりづらい**からです。

私たちは、日常生活の中であまり「自分を肯定しよう」などとは思わないので

す。

そもそも自分というものが「肯定」すべき存在なのかどうかイメージできない。

しかし、**他者であれば「肯定する」イメージはつかみやすい**のではないでしょうか。

落ち込んでいる友人を勇気づける。

泣いている我が子を抱きしめる。

仕事で自信をなくしているパートナーの話を聞き、応援する。

これらは皆他者を肯定する行為です。

そして、「行動」を伴っています。

だからイメージしやすいのです。


しかし、自分を肯定するとなるとどうでしょうか？

この場合、肯定する側も肯定される側も「自分」です。

自分のことをもう一人の自分から俯瞰的に見て、自分を肯定する。

当然「行動」など伴いません。
イメージできなくて当たり前なのです。

そもそも、自分を肯定することなどできるのでしょうか？
「自分は大丈夫だよ」と思うことなどできるのでしょうか？
それができないから苦しんでいるのではないでしょうか？

実際のところ、「自分を肯定する」というのは難しいのです。
なぜなら**本来の「自己肯定」というのは「自己肯定について考えたこともない」状態**だからです。

自分はありのままでいい。
このことに疑念すらも抱いたことがない状態なのです。

ですから、「自己肯定感」について意識してしまった時点で、それはあなたには存在していないのです。

つまりないものねだりとも言えるのです。

では、自己肯定感がない人はどうしようもないのでしょうか。

そうではありません。

少しずつ育てていくことは可能です。

自分の性格を変えるように、少しずつ、少しずつです。

そして、もっとやりやすい形で身につけていくことも可能です。

それが**「自己嫌悪」を手放す**という考え方です。

自己嫌悪に陥っている人は、言うまでもなく自己肯定できていません。

しかし、そこから「肯定する」とまではいかなくても、「自己嫌悪を手放す」ぐらいならできそうだとは思いませんか？

なぜなら、「自己嫌悪」にはレベルがあるからです。

自分のことがめちゃくちゃ嫌いなら、あまり好きじゃないレベルまで、あまり好きじゃないのなら、好きでも嫌いでもないレベルまで。

ちょっとマシになるように、少しずつ変えていけるからです。

そして、きっと「自己肯定」するよりイメージしやすいと思います。

自己嫌悪する人としない人の違い

では、**自己嫌悪する人としない人の違い**は、どこにあるのでしょうか？
それは**「現在」を中心に考えられているかどうかの違い**だと思います。

人間は、「現在」「過去」「未来」のいずれかについて考えています。

そして、人によって、どの時期を中心に考えるかは異なります。

考え方のクセがあるのです。

そして、**自己嫌悪に陥りやすい人は、「過去」か「未来」のことばかり考えるクセがあります**。

たとえば「過去」を考えるクセのある人は、いつも過去のことを考えてしまいます。

楽しい思い出について考えているのならまだいいのですが、あいにくそうではありません。

では何について考えているのかというと、「後悔」について考えています。

「あんなことをしなければよかった」
「こう言っておけばよかった」

ちょっとした瞬間にそんなことを考えてしまいます。

この**過去の「後悔」は、言い方を変えると、現在の自分への批判**です。

「なんで、あんなことをしたの？」
「なぜこうできなかったの？」

そう考えて自分が嫌いになります。

さらに、そんなことばかり考えている自分にも嫌気がさします。

また、過去のことは変えられませんから、いくらでも後悔しようと思えばできるわけです。

そのたびに自分のことがどんどん嫌いになっていきます。

また、「未来」について考えるクセのある人も、自己嫌悪に陥りやすくなります。

未来といっても明るい未来や将来に夢を抱いて、ワクワクするだけならいいのですが、そうはいきません。

「これでいいの?」

「このままで大丈夫なの?」

未来のことを考えがちな人は、まだ起きてもいない悪いことを想像して「不安」

になりやすいのです。

その結果、どんどん自信を失い、不安に揺られる木の葉のような自分にだんだん嫌気がさしてしまうのです。

そして、未来のことも、不安になろうと思えばいくらでも不安になれます。

一方、「現在」を中心に考える人は、あまり過去のことも未来のことも考えません。

過去のことを悔やんでも仕方がないし、考えたとしても、そこから今に生かせるものを取り出そうとします。

過去の失敗から何かを学ぼうとします。

それは「現在」のことを考えているからにほかなりません。

「未来」のことも、考えればキリがないのであまり考えません。

起きる可能性のあることなら、「現在何を対策すればいいか」ということに落とし込みます。

「現在」のことを考える人は、「現在」を生きます。

自分で今やれることを考え、今の瞬間に起きていることを楽しもうとします。

自分の人生を生きている感覚があり、自己嫌悪になる暇がありません。

つまり自己嫌悪になりにくいのです。

自己嫌悪を捨てるためのヒント

実は自己嫌悪を「捨てる」という行為も、自己肯定の１つなのです。

自己肯定は漠然としていてイメージしにくい。

だから、具体的な行動に落とし込むために、「自己嫌悪」を捨てるところから始めるのです。

それは言い方を変えると、**「受動的な自己肯定」**という言い方もできるでしょう。

では、具体的にどうしたら「自己嫌悪」を捨てることができるのでしょうか？

そのためには「自分が嫌いになっている状態」について改めて考えてみます。

普段私たちが日常生活を営む中で、「自分が嫌い」だと思う瞬間は、そんなに多くはないと思います。

前章にも上げたように、ふとした瞬間にやってくるものです。

では、この「ふとした瞬間」は一体どういう瞬間なのでしょうか？

その瞬間、多分あなたは疲れを感じているはずです。

何かバタバタと夢中でやっていて、疲れを感じて一瞬他のことを考える。

そのときに、過去の後悔や他人との比較をして、「自分が嫌い」になる。

これは、私が言うところの**「頭がおヒマな状態」**です。

人は、**目の前の行動に集中しているときはネガティブなことを考えません。**

仕事の作業をする。勉強する。家事をする。

何をするにしても、そのことを考えながら行動しているときには、ネガティブな考えは湧いてこない。

しかし、**考えと行動が乖離《かいり》し始めると、ネガティブなことを考え始めます**。

今料理を作っているのに、料理のことを考えず、モヤモヤと違うことを考え始める。

すると、なんとなく過去の失敗を思い出す。そして、ため息をついて自分が嫌いになる。

自分が嫌いになっている瞬間は、きっとこうなっているはずです。

この状態を私は「頭がおヒマな状態」と呼んでいます。

何かをしているわけですから、物理的にはヒマにはなっていない。

頭だけがヒマになって他のことを考えているのです。

こうなると人は、とりとめもなく考え事を続けます。

とりとめがないので、答えが出ない問題にたどりつきます。
それは、つまりすぐには解決できない悩みです。
だから、「自分が嫌いである」というところに考えがいくのです。

「自己嫌悪」を捨てるヒントは「頭がおヒマ」な状態にあります。

第 2 章

あなたは
どのタイプ？
7つの
自己嫌悪タイプ

あなたの育ち方と自己嫌悪の深い関係

自己嫌悪と性格は切っても切り離せないものです。

たとえば大雑把な性格であれば、うまくいかなかったことでもあまり気にはしない。自己嫌悪につながることも少ないでしょう。

また、几帳面な性格ならば、あれこれ小さなことも気になってしまい、自分の「アラ」にも気付いてしまう。そして自分が嫌いになってしまう。

優柔不断な性格の人は、しょっちゅう決断に迷います。

迷ったあげく「ああすればよかった」と後悔し、それが自己嫌悪につながることもあるでしょう。

こうやって見ていくと、**自己嫌悪しやすいかどうかは、まさに性格そのものと**言ってもいいかもしれません。

では、**「性格」は何によって作られるのでしょうか**。
それは**もともとの「気質」とその後の「生い立ち」によって形作られます**。

もともとの気質というのは、生来のものです。
たとえば、臆病さや他人への敏感さ、自制心の高さ、衝動性の高さなどです。
これは、動物を見ていてもわかるでしょう。

たとえば犬を飼うときに、いろんな子犬を見ることがあるでしょう。

すると、まだ子犬のはずなのに実にさまざまな性格があるのに気が付くはずです。

すぐにしっぽを振って近寄る子犬。少し様子を見ながら、徐々に近づいてくる子犬。片隅で震えている子犬。攻撃的で、すぐに吠えかかる子犬。

人間にも同じことが言え、もともとの「気質」というのは備わっています。

しかし、性格を形作るのはそれだけではありません。

その後の生い立ち、育ち方も大きく影響します。

本来明るい性格であっても、不安定な家庭環境であれば明るいままではいられません。

また、本来は自信のない性格であっても、少しずつ成功体験を積み重ねていくことで自己肯定感が上がることもあります。

育ち方によって、本来の気質とは真逆の性格になることすらあるのです。

これは言い方を変えると**「性格」だからといってあきらめる必要はない**ということです。

もちろん、簡単ではありませんが、自分の性格には自分の「歴史」も大きく影響していきます。

歴史は過去だけではなく、これからも積み重ねていくものです。

自分の考え方や行動を積み重ねることで、少しずつ変化させていけるのです。

つまり、自己嫌悪に陥りやすいかどうかも「性格」の1つですから、少しずつ変えていけるということです。

あなたはどのタイプ？
タイプ別自己嫌悪の特徴

1 完璧主義タイプ

自己嫌悪というのは、自分と何かとの「比較」によって発生します。

たとえばそれが他人だったり、理想だったりするわけです。

そうすると、自分の理想が高い人ほど、そのギャップから自己嫌悪に陥りやすいと言えます。

自分の理想が高い人というのは、いわゆる**「完璧主義者」**です。

完璧主義者は、必要以上に高い目標を設定し、それを達成しようとします。

「これでも充分だよね」「ほどほどでいいかな」などという考え方ができません。

その理由はいくつかあります。

● 不安

完璧主義者は「不安」に陥りやすい傾向があります。

「うまくいかなかったらどうしよう」という不安です。

この不安から、何が起きても大丈夫なように、過度に準備しようとします。

それゆえ「完璧主義」になるのです。

● 自己評価の低さ

完璧主義者は、その性質にも関らず自己評価は低いことが多いのです。

自信がないからこそ、完璧を目指すことで「なんとかしよう」とするのです。

自己評価の高い人に油断が生まれるのとは、逆の状況が発生するわけです。

● 優先順位をつけるのが苦手

何事も完璧にこなそうとするのは、言い方を変えれば「優先順位がつけられない」ということです。

優先順位がつけられないと、全てのことをしっかりやろうとします。

他人から見ると細部にこだわり過ぎているようにすら感じられることがあります。

こういった理由から、人は完璧主義者になります。

しかし、性質の悪いことに、自覚があまりないことが多いのです。

それは、自分の理想が、当たり前のことであると認識しているからです。

本人からしたら、目指していることは完璧でもなんでもなく、当たり前なのです。

とはいえ、理想が高いからこそうまく行かないことも多い。

その瞬間**「当たり前のこともできない自分」という思いが頭を駆け巡り、自己嫌悪に陥ります。**

② 器用貧乏タイプ

皆さんは**「インポスター症候群」**という言葉についてご存知でしょうか？

この言葉は医学用語ではなく、心理学から提唱された概念です。

社会的には成功しているにもかかわらず、自分の達成を内面的に肯定できない状態につけられた言葉です。

肯定できないどころか、自分は詐欺師的であるとすら感じていることもあるようです。

この言葉は、1978年に心理学者のポーリン・R・クランスとスザンヌ・A・アイムスによって命名されました。

まさにこの「インポスター症候群」である人々は、「自己嫌悪」に陥っているとも言えるでしょう。

客観的に見れば、なんでもできてうまくいっているように見える人々が、自分のことを「たまたまうまくいってしまっている」「私がうまくいっているのは、社会をだましているからだ」と考えてしまう。

こういった現象に悩む人々が一定層いるということです。

また、この現象は、「自己嫌悪は、どんなに自分が成果を出しても変わらないことがある」ということも示しています。

つまり、**自己嫌悪は自分の考え方の産物であり、そこを変えない限りは解決し**

ないということです。

おそらくインポスター症候群に陥る人は、能力が高く、なんでもできる人なのでしょう。

しかし、本人の認識としては**「なんでもある程度はできるけれど、際立ったものはない」**となっているのではないでしょうか？

その考えが強いあまりに、もしうまくいったとしても、それは自分の才能ではないと考えてしまうのです。

これは、いわゆる「器用貧乏」と言われるタイプの人に似ているとも言えます。

器用貧乏とは、一般的には「器用でなんでもこなすことができるが、それゆえにどれも中途半端になって大成しないこと」を意味します。

そうすると「成功」はしていないので、一見「インポスター症候群」とは違うように見えます。

しかし、**実際「なんでもできるのに、うまくいかない人」なんているのでしょうか？**

私は少なくとも「なんでもできるのに、うまくいかない人」なんてお目にかかったことはありません。

問題は「中途半端になって」というところだと思います。

器用貧乏だと思っている人は、自分より常に上の状態を見ているのです。

それゆえに、どれだけ自分が成しえたとしても、それを認められない。

もっと上を見て「全然自分はできていない」と考えてしまっているのです。

こうした「器用貧乏」な人も自己嫌悪に陥りやすいと言えます。

③ 隣の芝は青いタイプ

何かにつけ**「比較」**してしまうタイプの人も、自己嫌悪に陥りやすいと言えます。

この比較はたいてい自分より優れた環境の人に向けられます。

もちろん自分のほうが優れているところもいっぱいあるはずなのですが、それらは目に留まりません。

いわば自分に**「無いものねだり」をして、劣等感を感じてしまう**のです。

そして、それは容易に自己嫌悪へと変わります。

このタイプの人間は、他人軸の傾向が強いです。

他人軸とは、「他人からどう思われるか」が自分の価値基準になってしまっている考え方、行動のパターンです。

たとえば、何かを決断するとき、自分の意志ではなく「他人から見て恥ずかしいと思われないかどうか」を考えてしまう。

別にやりたくはないが「世間体」のために渋々やる。

親に嫌われたくないから勉強する。

評価が下がるのが嫌だから残業する。

こういった行為は「他人軸」から起きています。

他人軸の最大の問題点は、気持ちが落

ち着かず、常に不安になってしまうことです。

「他人」が自分の規範になっているのですが、「他人」はコントロールできません。

また、「他人」は自分以外の人間全員です。

いつも自分以外の誰かの顔色を伺って生きるようになります。

その結果、常に落ち着かず、不安になってしまうのです。

この生き方では「自分がどう思うのか」「自分はどうしたいのか」という部分が置き去りになっています。

そのうち自分がどう考えているのかも、よくわからなくなってしまいます。

「自分の人生を自分で歩んでいる」という感覚が失われてしまうのです。

なぜこうなるのかは、生い立ちが大きく関与しています。

成長期に「あるがままでいいんだよ」というメッセージを、周囲の大人から受

け取れていないと「比較」するようになりやすいのです。

自分が褒められるためには、認められるためには、周囲に気に入られることが大切であると考えてしまうのです。

結果として自分より他人の状況が「気になる」ようになります。

自分より「キラキラしている」人を見つけては自分が嫌いになるのです。

④ 一人反省会タイプ

「一人反省会」ばかりしているタイプの人も、自己嫌悪に陥りやすいです。

たとえば、みんなで飲み会をしているとき。和気あいあいと、みんなで楽しく飲んでいるときはいいのですが、解散して一人で帰る途中にモヤモヤ考えてしまう。

「あのときあんなこと言っちゃったけど、言わないほうがよかったかな？」
「何もしゃべれなくて、暗い子だって思われてないかな？」
「あのとき先輩にサラダ取らせちゃった。うわー、やらかしちゃった」

など。せっかくの飲み会なので、「あー楽しかった」で終わらせればいいのに、そうはいかない。

あれこれ考えて、明るい気分は台無しになるのです。

こういうタイプの人は、旅行だろうが、テーマパークだろうが、パーティーだろうが心から楽しめません。

どうせそのあとに「反省会」をしてモヤモヤしてしまうからです。

あまりこの状況がひどくなると、他人と関わるイベントを最初から避けてしまうことすらあります。

この「一人反省会」をしてしまう行動にはいくつかの理由があります。

1つ目は**「頭がおヒマになりやすい」から**。

こういう人はすぐに頭がおヒマになる。


みんなとイベントを楽しんでいるときはまだいいのです。

しかし、イベントが終わるとすぐ頭がおヒマになる。

帰り道や、家の中でぼーっとしている瞬間に、すぐ頭がおヒマになって「今日は大丈夫だったかな？」と考え始めてしまうのです。


また**一人反省会をする人は、過去のことを考えるのが好き**です。

終わったことを振り返ってみてアレコレ考える。

「もっとこうしたほうがよかった」なんていくらでも言えるわけですから、考え始めたらいくらでもネガティブなことが見つかります。


そして、過去のことは変えられないのでいくらでもクヨクヨすることができるのです。

ですから、「楽しい思い出に浸る」なんてことは起きず、必ず「反省会」になってしまうのです。

また**一人反省会をする人は、「一人」です**。

相手がいないので、自分の考え方の歪みに気付きません。

むしろ歪みはどんどんひどくなっていきます。

他の考え方をしたり、訂正してくれたりする人がいないので、自己嫌悪はひどくなる一方なのです。

5 「～しなければならない」タイプ

心理学の考え方で「べき思考」というものがあります。

「べき思考」の持ち主は、何かにつけて「〇〇するべき」「〇〇しなければならない」と考え、絶対に守るべきルールだと心を縛り付けてしまいます。

「〇〇してもいい」「〇〇したほうがいい」ではなく、「〇〇するべき」です。

この考え方は、他人にも自分にも向けられます。

他人に向けられた場合は、他人に対して厳しく考えるようになります。

他人の行動が気になり、自分の考えと異なる場合は憤慨し、イライラするようになります。

他の価値観に気付くことができず、視野が狭くなります。

結果として他人に対して寛容ではいられなくなります。

ただ**「べき思考」が問題となるのは、自分に向けられるときのことが多い**ようです。

自己嫌悪に陥るときも、このパターンです。

自分に「べき思考」が向けられるとき、「〇〇すべきである」「〇〇しなければならない」と常に自分を縛り付けます。

その結果、**頭の中はやらなければいけないことばかりになります**。

自分のことを常に減点方式で考えるようになるのです。

もちろん、人間のことですから、「○○すべきである」と思ったところで、思うようにできないことなんていくらでも起きます。

そしてそのたびに自己評価は下がっていくのです。

またこの**「べき思考」の最大の欠点は、「できて当然である」という価値観だということ**です。

自分の頭の中にある「○○するべき」は当たり前の義務なので、それができてやっとスタート地点なのです。

「○○したほうがいい」ならば、「できなくてもいいけれど、できたらいいよね」です。だから、できなくても別に構わないわけです。

つまり**「べき思考」が頭の中に湧いてくる限り、自分は当たり前のこともでき**

ない人間として、常に自己評価が低い状態になってしまうのです。

その結果、「当たり前のこともできない自分」として、自分のことが嫌いになってしまうのです。

6 抱え込みすぎタイプ

なかなか仕事を断れず、頼まれたらつい「はい、はい」と引き受けてしまう人。
他の人に仕事を振れず、結局自分で抱えてしまう人。
うまくいっていなくても、申し訳なくて誰かに相談できない人。
こういう人、いませんか？

こんな抱え込みすぎるタイプの人も、自己嫌悪に陥りやすいと言えます。
なぜなら、抱え込みすぎたものはいずれうまくいかなくなるからです。

どうしようもなくなってから、結局誰かにお願いしたり、謝ったりする羽目になる。
そして、そんな自分が嫌になってしまうのです。

抱え込みやすい人には、次のような特徴があります。

●自分の状況を把握するのが苦手

もし、自分の状況をしっかり把握しているのなら、抱え込みすぎを防ぐことができます。

自分の処理できる量と与えられた時間は決まっていますから、「これ以上は無理」というラインがあるはずなのです。

しかし、**抱え込みすぎるタイプは、自分の状況を明確に把握していないことが多い。**

その結果「忙しいけど、なんとかなるだろう」と漠然と引き受けてしまうのです。

●断るのが苦手

断るのが苦手な人も、当然仕事を抱え込みやすくなります。

なんせ断らないわけですから、仕事がどんどん増えていきます。

さらに断らない人にはどんどん仕事が舞い込んできます。

「あの人なら『やります』と言うだろう」という評判が広がっているからです。

断るのが苦手な人は、さまざまな理由があります。

押しが弱く、強気に出られない。断ったら相手がどんな反応をするのか不安になってしまう。嫌われたり、評価が下がったりするのが怖いなどです。

●報・連・相が苦手

報・連・相が苦手な人も抱え込みやすいと言えます。

今任された仕事がどんな状況なのか、相手に伝えるのが苦手な人です。

こういう人はそもそもコミュニケーションが苦手だったり、また報・連・相という作業をついつい後回しにしてしまう人によく見られます。

また、状況を相手に伝えることで、相手の負担が増えてしまうのではないかと心配する人にもよく見られます。

⑦ 一見、八方美人タイプ

八方美人とは、誰にでもよい顔をしようとするタイプの人です。

この言葉自体、「器用で要領がよいが、信用できない」などと、ネガティブに使われることが多いようです。

しかし、**「八方美人」に振る舞う人には、実は2タイプある**と私は考えます。

1つのタイプは**「自分軸」で八方美人に振る舞う人**。

もう1つのタイプは**「他人軸」で八方美人に振る舞う人**です。

「自分軸」のタイプは、なぜ誰にでもよい顔をしようとするのか、自分でもよくわかっています。

それは自己保身だったり、他人を利用したりするためです。

それがよいことかどうかは別として、本来の「八方美人」とはこういったタイプの人を指すのでしょう。

だからネガティブに捉えられるのです。

ただ「自己嫌悪」という観点から見ると、こういうタイプは自己嫌悪には陥りにくいでしょう。

自己嫌悪になりやすいのは「他人軸」のタイプです。

この場合、自己保身や他人を利用するという意図はありません。

ただ、**「誰にも嫌われたくない」という**

気持ちが強すぎるだけなのです。
誰にも嫌われたくないから、相手に合わせて言うことがコロコロと変わってしまい、結局八方美人に見えてしまうのです。

この場合、八方美人に見えても、結局は他人の顔色を伺い、振り回されているだけです。

本来の八方美人とは違って、割り切りはありません。

おどおどと不安になっています。ですから自信もありません。


また、他人に嫌われたくないためにしている行為が、逆に他人に嫌われる原因にすらなります。

もし、「あの人、八方美人だよね」などという声が聞こえてきたら、立ち直れないほどのダメージを受けるかもしれません。

そして、それは容易に「自己嫌悪」の原因となります。

もし誰かに言われなかったとしても、こうした「一見、八方美人」のタイプの人は、自己評価が低い傾向があります。

何かの拍子に「こんな八方美人の私は嫌だな」と考えて落ち込んでしまうかもしれません。

第 3 章

自己嫌悪から
抜け出す
処方箋

1 完璧主義タイプ

完璧主義者にとって、一番有効な方法は「自覚」です。自分の理想が決して当たり前ではないと知るだけでも、少しラクになるはずです。

もしあなたが自己嫌悪に陥ったのなら、「もしかして自分は完璧主義なのかな？」と疑ってみてはいかがでしょうか？

それだけでも、だいぶ違うと思います。

また「気づく」ための方法として、次のような方法も有効だと思います。

周りの人と話す

自分の失敗談などを、周りの人に話してみてください。

いくつかは「そんなこと気にしてたの？　私なんてしょっちゅうだよ」「それうまくできているほうだよ」などという反応が返ってくるはずです。

多くの人と体験を共有することで、自分がどれだけ完璧主義なのか、自覚できるかもしれません。

● 書き出す

自分にとって**「当たり前」だと思う結果を書き出してみる**のもよいでしょう。

書き出すことで、自分の考えを客観視することができます。

また、書き出すという行為自体により、

誰かに話を聞いてもらっているような効果が出ます。

大らかな人と交流する

自分と価値観の違う友人、知人がいるのなら、その人と交流を重ねることで価値観に変化が出るかもしれません。

他人の影響は自分で思うより大きいものです。

また、尊敬している人の失敗談を聞くのもよいでしょう。

あなたが尊敬している優れた成果を出している人物でも、意外といろいろとやらかしているものです。

決して**完璧主義であることが成功には結びつかない**のです。

Q

私は自己肯定感が低く、普通の人と同じようになるために努力をしないといけないと思ってしまいます。

ミスなどをしたときに「まぁいいか」と思えないのはもちろん、誰かに「考えすぎだよ」と言われても、それを素直に受け取ることができません。

A

この方の場合、自分から周りに意見を求めなくても、「考えすぎだよ」とすでに言われているようですね。

人は、なかなか自分から相手にアドバイスしないものです。言ったところで、本人が求めていないアドバイスなら意味がないからです。

ですから、たいていはアドバイスを求められてから答えるものなのですね。

そういう意味では、あなたがよっぽど気にして落ち込んでいるように見えるのでしょう。

だからこその「考えすぎだよ」というアドバイスなのです。

そういう意味では、本気のアドバイスだと考えていいと思います。

とはいえ、そう言われてもなかなか考え方を変えるのは難しいかもしれませんね。

こういう場合は「考え方そのものにアプローチするのではなく、行動を変える」という方法が有効です。

代表的なカウンセリング技法の一つに「認知行動療法」というものがあります。

自分の考え方が知らず知らずのうちに歪んでいて、それが原因で生きづらくなっていることがあります。

たとえば代表的な認知の歪みに「べき思考」というのがあります。**何かにつけ「〜しなければいけない」「〜するべき」と考えてしまうこと**です。

この「べき思考」に囚われると、自分に強いプレッシャーをかけてしまい、うまくいかなかったときに自己評価を下げてしまいます。

この場合「〜すべき」という考え方を修正し、行動も変容させていくのが「認知行動療法」です。

しかし、認知の修正というのは、なかなか大変です。

もともと染みついた考え方を変えるわけですから簡単にはいきません。

そこで、より望ましい「行動」に変えていく技法を「行動療法」と言います。

これなら、具体的な行動を変えればいいわけですから、変容させやすいわけです。

ですから、**あなたの場合、「考えすぎなのかどうか」はとりあえず置いておき、「次にどうするか」を実行することに集中する**ことをオススメします。

よくよく考えれば、ミスが起きなければそれでいいわけです。

次ミスを起こさないために、何を変えればいいのか考えて工夫する。

一種のゲームのように捉えて楽しんでいくのはいかがでしょうか？

② 器用貧乏タイプ

器用貧乏と言いますが、よくよく考えれば「器用」で「貧乏」なことって考えづらいのです。

たいていの人は、なんでもできるわけではなく、一部のことだけが得意です。だからそれを特技として生かそうとするわけです。

そして器用貧乏な人は、一部だけが突出してできるわけではなく、他のことも万遍《まんべん》なくできてしまうのです。

単純に考えれば、それは**有能でオールラウンダー**ということです。

なんでもできるので、何をすればいいのか迷うところはあるかもしれませんが、一部のことしかできない人より有利なはずです。

ではなぜ自分のことを「器用貧乏」と考えてしまうのか。

それは、**自己肯定感が低く、「自分のことが好きになれない」という気持ちが先にあるから**です。

そのため、「自分が嫌いな理由」を探してしまいます。

その結果が、「器用貧乏」という妙な言葉なのです。

そういう意味では「器用貧乏」タイプは、誰より自分のことが嫌いであるという気持ちが強いのかもしれません。

そのため、**対策としては「自分が嫌い**

である」という気持ちを少しでも和らげることが優先です。

そのために必要なことは、やはりまず**「自覚」**です。

ただこの場合の「自覚」は、**「自分はまず、自分のことが嫌いで、その理由を後付けで探しているのではないか」**という自覚です。

これに思い当たるようならば、自己嫌悪は和らぎます。

本来は自分を嫌う理由などないと、知ることができるからです。

またこの自己嫌悪は、「自分には価値がない」という感覚から来ています。**自分がありのままでいいとは思えず、「誰かの役に立たないと価値がない」と思いこんでしまっている**からです。

これを和らげるためには、次のような方法がオススメです。

いろんな人と出会う

多くの人と出会い、多くの価値観に触れることで自己嫌悪が和らぐことがあります。

特に自己肯定感の高いと思える人と過ごすとよいでしょう。

また、友人やパートナーなど、「特別な人」と出会うと自己嫌悪は大きく和らぎます。

彼らは、**あなたが役に立つから側にいるわけではありません。あなただから側にいる**のです。

そういう出会いがあれば、本質的に自己嫌悪から解放されます。

人の役に立つことをする

器用貧乏な人は、「誰かの役に立たなければ自分に価値がない」と思いがちです。

ですから、**わかりやすく誰かのためになることを始める**のもよいでしょう。

ただ、これは自分が続けたいことを無理せずコツコツ続けることが大切です。自分の不安を減らすためにやると、アレコレやりすぎたり、続かなかったり、あるいはのめりこみすぎて、うまくいかなくなったりします。するとと逆に自己嫌悪がひどくなります。

Q

1つのことを極めようとしたり追求することができず、何かと途中でやめてしまうクセがついています。

周囲からは「なんでもできる」と言われることが多いのですが、自分では人に誇れるような得意なものがないのが悩みです。

A

まず、**「1つのことを極める必要があるのか」という問題があります。**

1つのことを極めたり、追及したりすることは、「しなければいけない」と思って達成できるものではありません。
そのこと自体を好み、強制されなくても勝手にやってしまう。
だからこそ極められるのです。
だから「しなければいけない」という類のものではないのです。

ところが、**あなたの心にあるのは、「1つのことを極めるべきである」という「べき思考」**です。

しなければならないと思うものは、する必要がなければやめてしまいます。当たり前のことです。だから極められないのです。

また、もう1つの問題があります。
それは「何かを極めたい」というのは**「他人軸」**であるということです。

「何かに秀でていると評価されたい」という思いですから、他人軸なの

です。

だから、モヤモヤしてしまうのです。

もし、これが自分軸であれば、「何かを極めたい」ではなく、**「〇〇をやりたい」**というものになります。

別にそういうものがなければ、それはそれでよいのです。

あなたがラクになるために**1番よいのは「自分軸」になること**です。

自分のやりたいことをやり、そういうものがなければのんびりする。

ただ、これはなかなか難しいことでしょう。

価値観の変化をさせることですから。

というわけで、2番目におすすめの方法をお伝えします。

それは**「誰かの役に立ちそうなことをアレコレやってみる」**ということです。

誰かの役に立ち、自分が求められていると思えることであれば、多分続けやすくなると思います。

また、この思いも「周りに評価されたい」という他人軸なので、価値観を変える必要はありません。

他人の役に立つことでも、すぐに極められるようなものは見つからないでしょう。

しかし、アレコレやっているうちに、ピンとくるものが出てきます。

そのとき、**「誰かの役に立ちたいこと」**が**「自分のやりたいこと」**にな

ります。

いつの間にか自分軸でやりたいことになります。

言い方を変えると、それは**「ライクワーク」**です。

誰かの役に立てて、自分でもできそうなことをアレコレやってみてはいかがでしょうか？

きっとその過程も楽しいでしょうし、本当にやりたいことに変われば、あなたの悩みもいつしか消えているでしょう。

③ 隣の芝は青いタイプ

このタイプは「他人軸」の要素が1番強いタイプです。

今まで見てきたように、どのタイプでも「他人軸」の要素があるのですが、1番際立っています。

ですから、**「自分軸」の生き方を目指す**のが1番よいと思います。

ただ「自分軸」になるのは、前項でも述べた通り、簡単ではありません。

また、このタイプの人は他人軸の要素が強いのでなおさらです。

この場合は、**「頭がおヒマ」の解決をするのが1番よい**と思います。

「頭がおヒマ」という状態について、軽くおさらいしておきましょう（ちなみに私の造語です）。

簡単に言うと、目の前の行動と考え事が一致していない状態です。

たとえば掃除のことを考えて掃除をするのではなく、掃除をしながらモヤモヤと別のことを考えることがあります。

食事をしているのに、目の前の食べ物を味わうのではなく、なんとなく他のことを考えていることがあります。

これが「頭がおヒマ」な状態です。

頭がおヒマになると、人はとりとめもなくネガティブなことを考えてしまいがちです。

隣の芝は青いタイプの人は、よくこの

状態になります。

そして、「他人と自分を比較する」ことを考えてしまうのです。

この解決法は、「頭がおヒマ」な状態を解消することです。

それは、**「今やっていることと、考え事を一致させること」**です。

今掃除をしているのなら、掃除に集中してください。

どこをどうやるか、どこまでやるか、何を使って掃除するかを考えるのです。

今食事中なら、今食べているものをよく味わってください。美味しい美味しいと思って食べてください。

今目の前のことを考えていると、人は余計なことを考えません。

結果として、充実して幸せな感覚になれます。

もしそれが難しければ、それは今やっていることに疲れているか、飽きているかのどちらかです。

やることを切り替えてみてください。

この繰り返しで、徐々に「頭がおヒマ」になりにくくなってきます。

気が付いたら、他人と比較する余計な考えが減っているはずです。

そして、**根本的な考えとして、比較して落ち込むのなら、「どうしたら、もっと自分が理想的になれるか」考えてみてください。**

そして、そこから**目標を立てて行動してみてください。**

その繰り返しで、少しずつ、少しずつ自己達成感が得られ、自分軸に移行できるようになります。

Q

才能がある友達を羨んでばかりで、自分は性格が悪いなと思ってしまいます。

自分なりに、外見や生活面で今できる努力はしているつもりですが、どうしても劣等感を覚えて落ち込んでしまいます。

A

あなたが常に見ている人は「才能が（自分より）ある人」なんですよね。どれだけ努力しても、上には上がいますから、このままだとあなたは劣等感を抱いたままになってしまいます。

では、どうすればいいのかというと、**「過去の自分」と比較する**のが一番よいのです。

過去の自分と言っても漠然としているので、**1か月前、3か月前、半**

年前、1年前の自分と比較してみてはいかがでしょうか？

できればノートに書き出すというのもよいと思います。

「自己達成ノート」を作ってみるのです。

「自己達成ノート」は、どう作ってもいいのですが、たとえば次のような方法はいかがでしょうか？

1か月に1度、決まった日にノートを作ります。

まずは、将来自分がどんなふうになっていたいかを書きます。

1か月後の目標、3か月後、半年後、1年後……。

お好きなタイミングを決めて書いてください。

もちろん、複数でもいいのです。

できるだけ具体的に、端的に、箇条書きで書くのがよいでしょう。

そして、過去の目標と見比べてみて、今の自分がどれだけ達成できているかを確認します。

できているものがあれば、リストから消します。

残ったものは、次の目標に組み込めばいいのです。

今できる努力はしているあなたのことですから、これを行うと自分ができるようになっていることが増えているのに気付くでしょう。

もしうまくいかないことがあっても、何がうまくいかないのかが明確になります。

さらに、それを達成するために、1か月後、3か月後、半年後どうなっておきたいのか考えるようになるでしょう。

他人と比較する人は、「頭がおヒマ」になって、他人と比べることにばかり意識がいきます。

その結果として、自分のやるべきことに集中できていないのです。

「自己達成ノート」はそんな自分の考えを、自分のやるべきことに引き戻してくれる効果があります。

そして、あることに気が付くでしょう。

「自己達成ノート」に他人は出てこないのです。

④ 一人反省会タイプ

ついつい一人で反省会をしてしまう人も、「隣の芝は青い」タイプと同じで、「頭がおヒマ」になりやすい人です。

ただ、「隣の芝は青い」タイプと違うのは、**他人との比較ではなく、過去への反省に考え事がいってしまいやすい**点です。

どちらも、結論の出ないネガティブなことを考えてしまう点は同じなのです。

しかし、**一人反省会タイプの人は、思考が他人には向かいません。自分に向かいます**。

結果として、変えられない過去の出来事についてクヨクヨしてしまうのです。

この解決策は、１つは**「頭がおヒマ」の対策**です。

今やっていることに集中するのです。

一人反省会をする人は、たいていの場合「今」に集中はしています。

ただ、何もやることがなくなったり、一人になったりした瞬間に、「今」を見失って頭がおヒマになるのです。

そして反省会が始まります。

逆に言えば反省会中は「頭がおヒマ」なのです。

そこで、**反省会が始まったら、今やっていることに集中してください**。

たとえば、会社の飲み会の帰り、歩いていると「一人反省会」が始まったとします。

「あのとき、変なこと言わなかったかな？」
「もっと先輩の顔立てるべきだったよな？」

こう考え始めたら、歩くことに集中してください。

できなければ、ちょっとルートを変えてもいいかもしれません。

気持ちが切り替わるかもしれません。

あるいは、コンビニに立ち寄ってもいいかもしれません。

買っておいたほうがいいものを探しているうちに、頭がおヒマではなくなってきます。

このように**頭がおヒマになったら今に集中するか、行動を切り替える**のです。

また、一人反省会をするタイプには、他の対策方法もあります。

それは**「一人反省会」を、「未来の自分への提言会」に変更する**のです。

「次は自分が話すことより、相手の話を聞くことを目標にしよう」

「次の飲み会では、あまり周りを気にせず同期と仲良くなろう」

などと、「反省」で終わらず、次何をするのかに気持ちを切り替えるのです。

過去で考えを止めてしまうのではなく、未来につなげるのです。


「頭をおヒマにしない」

「反省会から提言会へ」

この2つで、自己嫌悪につながるルートを断ち切ることが可能です。

Q

人と話した後に、自分の発言に後悔する「一人反省会」がしんどいです。基本的に人と話すのが好きなので、いろんな人と話してみたいのですが……。

A

基本は一人反省会は、「頭がおヒマ」になっているときに行われるので、解説でお話ししたように、その対策をするのが一番です。後悔することがあれば、「次はこうしよう」と工夫してみるのも一つの対策です。

ただ、あなたのように「会話」に関することで一人反省会をしてしまうのなら、別の考え方も有効です。

それは、**「他人は自分の言ったことを大して覚えていない」**ということ。

まして、日常的な会話や、飲み会での会話なんて、本当に記憶に残っていないものです。

試しに、自分も思い出してみるとよいでしょう。

昨日同僚とどういう会話をしましたか？

1週間前の飲み会で、何を話しましたか？

全然覚えていないのではないでしょうか？

もし覚えているとしたら、それはよっぽどのことです。

「とんでもないことを告白された」とか、「露骨に攻撃された」とかです。

多少の言い回しや、「聞きようによっては嫌味に聞こえること」ぐらいのことなんて、覚えていません。まして、あなたのように「一人反省会」をしてしまうぐらい気遣える人なら、他人の記憶に残るような「問題発言」なんてまずしていないのです。

なぜこうなるのかというと、日常的な会話は「コミュニケーション」

が主体だからです。情報を伝えることより、相手とコミュニケーションをとったことのほうが大切です。

あなたが人と話すのが好きで、誰かと会話した。その事実が大切なのです。

だから相手も、おそらく「あなたと会ったなあ」という記憶があるだけです。

そして、人と話すのが好きなあなたのことですから、それが相手にとって不愉快だった可能性は低い。一緒になって楽しんだはずです。

ではなぜ一人反省会をしてしまうのか。

それは、「一人反省会」状態の構造が関係しています。

本来会議はいろんな人の意見を聞いて取り入れる場所です。

しかし、一人反省会には他人がいません。

すると、**どんどんどんどん自分の「考え方の歪み」がひどくなっていきます。**

だから、大したことのない話も、どんどん「自分が悪かった、ひどいことをした」となってしまうのです。

小事を大事にしないことです。

5 「〜しなければならない」タイプ

このタイプが持ちやすい「べき思考」は、カウンセリングの代表的技法である「認知行動療法」において、よく扱われるものです。

それだけ「〜しなければいけない」と考えるクセはよく見られ、本人を苦しめるものなのです。

ここでも認知行動療法の技法をもとに、解決方法をお伝えしていこうと思います。

認知行動療法では、本人を苦しめている「認知の歪み」に気付き、それをより望ましい方法に変えていくという手法を用います。

私たちは日常的にさまざまな出来事を考え、判断し、行動しています。

しかし、多くの考えは、自分の中だけで完結しています。

大きな問題であれば、他人と考えを共有したり、意見を出し合ったりしますが、日常的にそんなことはしません。

その結果、**自分の考え方のクセに気付くことがないまま物事を判断するようになります**。

さらに、**このクセは修正する機会もないまま、どんどんエスカレートしていきます**。

これが「認知の歪み」です。

「認知の歪み」には、さまざまなものがありますが、この場合「～しなければならない」と考えすぎてしまうことが「認

知の歪み」です。

ここでは、認知行動療法の1つである**「認知再構成法」**を応用してみましょう。

まず自分がストレスを感じたときの状況を、思い出して書き出してみます。

そして、そのときの自分の考え方、感情も書き出してみましょう。

ここで、おそらく「〜しなければならない」「〜すべきである」という思考パターンが出てくると思います。

ここまででも、自分の「認知の歪み」が自覚できるようになっているはずで、それだけでも少しラクになると思います。

「認知の歪み」というのは客観的に認識するだけでも、自分の感情をラクにするからです。

そしてさらに、**「他の考え方はないだろうか」と考えてみてください**。

もっとラクになるような考え方があれば、それを書き出してみてください。

今までの考え方に慣れてしまっているので、最初は難しいかもしれません。

しかし、**「もし自分が、こんな相談を他人から受けたらどう答えるだろうか？」などと立場を変えて考えてみる**と、意外と思いついたりもするものです。

このトレーニングを余裕があるときに、何度も行ってみてください。それにより、さまざまな考え方に気付き、少しずつ修正できるようになってきます。

Q

私はいつも、「仕事はこうするべき」などと考えてしまいます。

たとえば、「顧客への返事は1時間以内にするべき」「先輩の雑用は私が引き受けるべき」「上司にはNOと言わないべき」などです。

その結果、やることが多くなりすぎて、いつもいっぱいいっぱいになります。そして、そんな自分が嫌いになってしまいます。

「そこまでがんばらなくてもいいよ」と声をかけてもらうこともあるのですが、どうしたらいいのかわからず、結局同じことの繰り返しです。

一体どうしたらいいでしょうか？

A

やはりあなたの場合も「認知の歪み」が問題になっています。

なので先ほど説明した「認知再構成法」を行ってみましょう。

たとえば、「上司にはNOと言わないべき」という「べき思考」についてやってみましょう。


まず、あなたがストレスを感じた状況について書き出してみます。

一例として、こんな状況だとしましょう。
・上司に苦手な仕事について、「できるか？」と聞かれ、「やります」と答えてしまった。

そしてこのとき、あなたはどう感じたのか「感情」について書き出します。するとこうなります。

●苦手な仕事だし、今多くの仕事を抱えているので不安に思った。

次にどう考えたか、書き出します。

●上司にＮＯと言うべきではないと考えた。

こうすると、あなたが今回どう認知し、行動したのか。そしてそれがどうあなたのつらさに結びついたのか具体的に見えてきます。

ではここで、**他の考え方はなかったのか考えてみましょう。**

思いつかなさそうなら、この状況を他人から相談されたら、どう答えるか考えてみてください。

すると、こう考えることもできるのではないでしょうか？

●「NO」と言えないことで仕事が増え、うまくできなかったら却って迷惑がかかる。

●なんでもできるわけではないので「NO」と伝えることも大事。

●「YES」か「NO」か、だけでなく「今こんな状況なのですが、どうしましょうか？」と相談してもいいのではないか。

これによりさまざまな考え方ができ、それによって「相談する」という選択肢も思いつくことができるわけです。

こういう分析を常日頃から行うことで、思考に柔軟性が出てくると思います。

⑥ 抱え込みすぎタイプ

このタイプは、前章でも述べたように**「自分の状況を把握するのが苦手」「断るのが苦手」「報・連・相が苦手」という特徴があります**。

それぞれの原因を元に、このような対策が考えられます。

● 常に自分の仕事の内容を把握しておく

自分が今抱えている仕事がしっかり把握できていないと、ついつい仕事を増やしてしまいます。

手帳にしっかり**「TO DO リスト」**を作って、いつでも確認できるようにするとよいでしょう。

新しい仕事が増えたら、すぐその場で書き足すことを忘れないこと。

また、抱え込みすぎるタイプの人は、自分の仕事を少なめに見積もる傾向があります。

その場で確認できる状態にしたとしても、「もしかしたらこれ以上抱えているかもしれない」と心づもりをおくほうがよいでしょう。

● 答えを一旦保留にする

抱え込み過ぎる人は、ついつい「YES」と言ってしまいます。

「迷惑をかけたくない」「断ったときの相手の反応が不安」「自分の評価が下がるのが心配」などという理由からです。

そんなときは、

「わかりました、今の状況を確認して、今日中にお返事します」

などと言っていけばいいのです。

これならば、相手の頼み事には一旦対応したことになります。
また、「忙しいんだな」という印象を与えることもできます。
それにより「忙しい中、自分の頼みを検討してくれている」と思われるだけで、ある程度あなたの印象はよくなるのです。

また、検討する時間も確保できるので、「今仕事を増やせるのか」、冷静に考えることができます。

もしできなさそうだなと思ったら、
「ちょっと今仕事が多くて、すぐに対応するのが難しそうなのですが、いかがいたしましょう?」

などと「相談」してみてください。

はっきり断らなくても、相手が「じゃあ大丈夫だよ、ありがとう」などと言ってくれる可能性もあります。

報・連・相は義務化する

報・連・相の苦手な人は、そのタイミングを見失うからできないのです。

「声をかけづらい」「うまくいっていないことを言いづらい」「迷惑をかけるのが嫌だ」などといった理由です。

しかし、報・連・相ができないと、最終的に問題が大事になってから言わざるを得なくなります。

そしてさらに迷惑をかけてしまうのです。

これを避けるためには、**決まった時間に報・連・相を行うことにする**のです。

問題がなくても「今順調です」と言えばいいのです。

タイミングは、自分で決めて宣言してしまうのもいいでしょう。「毎日状況報告しますね」「毎週金曜日に状況メールします」などといった具合にです。

すると報・連・相が任意のタイミングではなく義務になり、言いやすくなります。

これにより「問題を一人で抱え込みすぎる」状況が緩和されると思います。

Q

頼られやすい性格で、限界まで自分のことに目が向かずに体を壊してしまいました。

周りからはもっと頼ってと言われますが、難しいです。

A

頼られると、ついNOと言えなくなってしまうパターンですね。

そして、周りに頼れない性格のため、一旦引き受けたことは抱え込んでしまうのですね。


頼れない性格の人が、周りを頼れるようになるのはなかなか難しいので、**「最初から引き受けすぎない」やり方でいくのが1番**でしょう。


また、**人には「こう言われると弱い」というポイントがあります。**

たとえば私は頼られても「できないことはできない」とは言えるのですが、相手の好意により誘われると、断れないんですね。

こういう弱点は、前項の「答えを一旦保留にする」という方法が1番有効です。

ただ「困ったときは、一旦保留にする」だと、この場合なかなかうまくいかないんですね。

それは「頼られたらなんとかしたい」という感情が湧くからです。

感情に突き動かされて、ついつい自分の状況を考えず引き受けてしまうのです。

しかし、**感情にはピークがあります。**

発生した瞬間が1番強い感情となります。

そのあと**時間を追うごとに急速に感情は減衰していきます。**

「困ったときは、一旦保留にする」という方法だと、頼まれた瞬間には「なんとかなる」と思っちゃうんですね。

だから、答えを保留にして遅らせるのが有効なんです。

そこで**「全ての頼み事は、保留にして翌日以降答える」というルールにしておく**のがよいと思います。

もちろん、頼られているのにその場でOKしないのには我慢が必要ですが、一旦引き受けたことを誰かに頼るよりは、よっぽどラクだと思います。

これは**最初のうちは、例外を設けない**でください。

どんなお願い事も、全部保留にします。

体が慣れてきたら、「内容によっては保留する」でもいいかと思います。

もちろん「常に自分の仕事を把握しておく」「報・連・相を義務化する」という方法も有効です。

これらを駆使して、少しずつ行動パターンを変えていきましょう。

身体を壊してしまっては元も子もありませんからね。

7 一見、八方美人タイプ

「誰にも嫌われたくない」という思いから、八方美人に振る舞ってしまう人が自己嫌悪に陥るのは、次の2つのパターンがあるように思います。

①みんなに嫌われないように努力したのにうまくいかなかった

この場合は、自分の努力が報われず、「一体何をやっていたのだろう」と自己嫌悪に陥ります。

そもそも「誰にも嫌われない」ということが不可能なので、いずれこういう思いをするのです。

②八方美人に振る舞った結果、疲れや虚しさを感じてしまった

仮に誰にも嫌われなかったとしても、このタイプの人は、自分の満足感や自己達成感が得られていません。

自分のやりたいことで行動しているわけではないからです。
常に他人の顔色を伺ってばかりいる自分が嫌になるのです。

では対策方法について考えていきましょう。

①のパターンは、**「優先順位」を決める**のがよいでしょう。

本当は自分らしく、自分の考えで動けるようになるのが１番いいのですが、それには「嫌われてもいい」と思えるようになる必要があります。

その転換は急には難しいので、まず優先順位を決めます。
それは**「大切にしたい人」の優先順位**です。

「嫌われたくない人」の優先順位ではなく、あえて「大切にしたい人」としておきましょう。

このほうがより自分軸を意識しやすいからです。

そして、もっとも大切にしたい人を、大切にできるような行動をとるようにしてください。

②のパターンは、やはり**「自分軸」を育てていく**しかありません。

自分が何をしたいのか、どう思っているのかをまず考え、それを中心に自分の行動を組み立てていくのです。

他人の顔色を伺う他人軸の行動は「労働」ですが、自分軸の行動は、「努力」「自

分磨き」になっていきます。

同じ疲れでも、そこから得られるものはまるで違います。

少しずつでいいので、「自分軸」の生き方を意識していきましょう。

Q

私はなんでも他人に合わせてしまう性格です。

私が我慢して相手のしたいことに合わせれば相手は喜ぶし、相手が喜ぶと私も嬉しいし、それでいいとずっと思っていましたが、最近それがしんどいです。

A

あなたは、②のパターンですね。

八方美人っぽく振る舞った結果、何やら虚しさを感じてしまったのでしょう。

これはあなたが「自分軸」ではなく、「他人軸」で生きているからです。

相手に合わせることに、心の底から納得しているのなら虚しくはならないはずですが、どこかで納得していないのです。

でも、今さら自分のやりたいことを主張するにもタイミングがつかめず、最悪の場合「嫌われてしまうかもしれない」と思って言えないのです。

この場合「自分軸」に少しずつでいいので切り替えていくのが、一番いい方法です。

そのためには、**まず自分が本当にやりたいことを知る必要があります。**

「我慢して相手のしたいことに合わせた」とのことですが、一体何を我慢したのでしょうか？

本当はどうしたかったのでしょうか？
まずそれを思い返してみてください。

それがわかったのなら、次も同様の機会があれば、相手に伝えてみてください。

自分の意見を通すかどうかは別として、「私はこうしてみたい」「私はこう思う」ということをまず表明することが大切です。

表明すると、案外相手は「じゃあ今回はそうしよう！」などと言ってくれたりもするものです。

そうしたら**お言葉に甘えてみてください**。

相手が喜べばあなたも喜ぶのなら、あなたが喜べば相手も喜ぶのではないでしょうか？

もしそうならなかったとしても、自分の意見を表明できたらあなたはちょっとスッキリするはずです。

そして、自分の意見を表明できるようになったら、「今日はこうしない？」などと提案してみてください。

自分が我慢しても、納得いかないという気持ちは相手に伝わります。

幸せというものは、自分も他人も快適であるところから生まれるのです。

第 4 章

劣等感との向き合い方

自己嫌悪の根本にあるのは「劣等感」

これまで、さまざまな自己嫌悪について見てきましたが、自己嫌悪が発生するときに必ず起きる感情があります。

それが**「劣等感」**です。

「劣等感」は、自分が劣っていると思う感情です。

さまざまなシチュエーションで、「本来はこうあるべきなのに」と期待し、それができていない自分に劣等感を覚え、嫌いになるのです。

自己嫌悪の最終段階で後押しするのが、この「劣等感」なのです。

もし、劣等感がなければ、うまくいかない状況に陥っても「あちゃー、やってしまったなあ」「次どうしようかな?」という考えになり、自己嫌悪になることはありません。

つまり、**劣等感さえなんとかできれば、自己嫌悪で苦しむことがなくなる**はずです。

ただ劣等感にはやっかいな点があります。

それは、**「根拠がなくても、劣等感は抱いてしまう」**という点です。劣等感を抱いている人に「こんなことは誰もできないよ」「むしろ人より優れているよ」と根拠を提示して説得しようとしても、なかなか劣等感は解消されません。

劣等感というのは、それまでの生い立ちや考え方、性格等が複雑に入り組んで、本人の人格に食い込んでいるからです。

とても頑固なものなのです。

精神疾患の症状の1つに「妄想」というものがあります。

この妄想は、

「内容が非現実的で事実とは異なるにも関わらず、本人が確信している」

「根拠をあげて訂正しようとしても訂正できない」

という特徴がありますが、劣等感も、なかなか訂正できないという点では、ときに妄想的であることもあります。

ただ妄想と異なる点もいくつかあります。

1番大切な相違点は、**自覚することも、努力により修正をかけていくことも可能である**という点です。

価値観を変化させるわけですから、すぐに、簡単にとはいきませんが、少しずつ劣等感をなくしていくことは可能です。

劣等感はどこから発生するのか？

では、この「劣等感」は、一体どこから発生するのでしょうか？

前項で「生い立ちや考え方、性格等が複雑に入り組んで、本人の人格に食い込んでいる」と述べましたが、もう少し詳しく考えていくことにしましょう。

先日、私はあるドラマにはまっていました。

そのドラマでは、妹が姉の不幸を望んで、次々と嫌がらせを仕掛けるというストーリーでした。

信じられないほど悪質なことを姉に仕掛けていくのですが、姉はむしろ優しく妹想いの人間です。
だから、姉は、この嫌がらせが妹の行動だとは最初のうちは気づかないのです。

ではなぜ妹がこんな行動を起こしたのか。
それは、妹がいつも姉と比較されて育ったからです。
優しく優秀で、いつも褒められるのは姉のほう。
劣等感から、いつしか妹は優しい姉に深い憎しみを抱くようになったのです。

しかし、妹も決してよいところがないわけではありません。
姉に比べて社交的で友人も多く、劣等感を抱く必要などないのです。
私は、このストーリーが「劣等感」の正体をよく表現しているように思いました。

劣等感には、客観的な理由などないのです。

他人から見て、どんなに満たされているように見えても、劣等感のある人にはそう思えないのです。

言い方を変えると、**劣等感は自分の内側に生じる「大きな穴」のようなもの。劣等感をどうにかしない限り、何をしても、何を成し遂げても、虚しさは続く**のです。

そして、この「穴」はドラマのように、幼少期から少しずつできあがっていきます。

その**原因は、「あるがままでいい」という感覚の欠如**だと私は考えています。

本来、子どもは幼少期、特に6か月から2歳までの間に、保護者との間で「愛着」を示すようになるといわれています。

ただそれがなんらかの理由でうまくいかないと社会適応に問題が起きるようになるといわれています。

この考え方を**「愛着理論」**と呼びます。

この時期に学ぶ「愛着」にとって1番大切な要素は「ありのままでいいという感覚」だと私は考えます。

それが本当の「愛」であるとすら考えています。

両親などの保護者から、ぎゅっとハグしてもらい「大好きだよ」とメッセージをもらう。

そんな日常のやりとりから、人は愛情を学ぶのです。

それは、自分がありのままで受け入れられている。愛されているという感覚です。

しかし、ときにこれがうまくいかないことがあります。

たとえば、両親がさまざまな理由で忙しく、接する時間が少なかった。

あるいは、家庭内に問題があって、保護者と距離があった。

虐待、あるいは虐待までいかなくても、保護者が急にキレるなどの問題があり、顔色を伺うように接するしかなかった。


また、普通に安定した家庭環境だったとしても、この過程がうまくいかなくなる可能性もあります。

たとえば先程あげたドラマのように、きょうだいばかりがかわいがられた場合。


親がそのつもりはなくても、「もっとお姉ちゃんみたいにがんばろうね」「お兄ちゃんなんだから我慢しなさい」などといった言動により、子どもがうまく愛情を受け取れていないケースです。

また、よい成績をとると褒めるのに、悪い成績をとると、冷たくされる、など
といった経験があると「何かいいことをしないと自分は愛されない。価値がない」
などと子どもが考えるようになることもあります。

この場合、保護者の対応や家庭内の環境が原因にもなりますが、子どもとのコミュニケーションにずれが生じて、誤解から起きることもあります。

いずれにせよ、**「ありのままでいい」という感覚を得られないまま大人になると、劣等感を抱く可能性があります**。

そしてこの劣等感は、なかなか改善しません。

どれだけ自分が努力しても、その成果が出たとしても、上には上がいます。
また自分にないものを持っている人もたくさんいます。
そこだけを見て、劣等感を抱き続けるのです。
ですから、ときとして妄想的にすらなるのです。

劣等感がない人なんていない

さて、前項で劣等感というのは「ありのままでいい」という感覚の欠如から起きていると述べました。

しかし、**劣等感の全くない人というのはいません**。

多かれ少なかれ誰もが「自分のままでいていいんだろうか」という疑問は抱いているのです。

つまり**劣等感というのは「あるかないか」ではなく、「強いか弱いか」という表**

現のほうが正確です。

そして、その強さも常に一定ではなく移り変わるものです。

疲れていたり、ネガティブな出来事が起きたりすると強くなり、その逆の状況になると弱くなります。

そして、劣等感が強くなり、自己嫌悪に陥っているようなときは、「理想的な人は劣等感など抱いていないに違いない」と思うのです。

しかし、これは間違いです。

ある意味**劣等感というのは、人間の本質的な感覚**なのです。

ただ、劣等感が強すぎると、それに振り回され、生きづらくなってしまいます。

そのため、**「劣等感は誰にでもある感覚だが、できれば弱くする」というスタンスがよい**と思います。

劣等感は欠点ではない

劣等感というのは、あくまで自分から見えるものです。

あなたが気にしていることが本当に欠点なのかというと、そうではないことのほうが多いです。

たとえば、あなたが「自分は仕事ができない」という劣等感を持っていたとしましょう。

この場合、あなたは仕事のできる優秀な仕事仲間のほうばかりを見ています。

自分より決断力のある上司。営業成績のいい同僚。自分の若い頃よりテキパキと仕事をこなす部下。

自分より優秀に見える人ばかり見ているので、当然自分は劣っているようにしか見えません。

しかし、実のところおそらくあなたは、仕事はできるほうです。

少なくとも仕事には誠実に向き合っているはずです。

そうでなければ、「自分は仕事ができなくて悔しい、恥ずかしい」などと内省するはずがないからです。

本当に仕事のできない人は、自分が仕事をちゃんとできていないという自覚すらないはずです。

私は、一時期自分のクリニックを運営していたことがありました。

経営者ですので、当然スタッフの面接も行います。

「私は仕事がちゃんとできなくて恥ずかしい」などと言うスタッフもいましたが、彼らが本当に仕事ができなかった試しはありません。

むしろ大変優秀でした。

つまり**劣等感は決してあなたの欠点ではない**のです。

むしろ自覚している分、実はよくできていることのほうが多いのです。

劣等感との上手な付き合い方

付き合い方 1

「できないこと」ではなく「できること」に目を向けよう

劣等感を強く意識しているときは、人は「できないこと」にばかり意識がいっています。

頭の中が「できない」「できない」でいっぱいになっているのです。

頭の中からこの考えを追い出せば、ラクになることができるはずです。

では、頭の中から考えを追い出す方法について考えてみましょう。

そもそも、頭の中がどうやって考え事でいっぱいになるのでしょうか。

人は常に何かを考えています。

きっかけは、何かを「思いつく」ことから始まります。

たとえばこんなふうに。

「あーあ、まだこの仕事残っているのか。今日終わらせないとな。なんで私いつも仕事ができないんだろう」

一旦こうやって思いついてしまうと、考え事がぐるぐると頭の中で回り始めます。

「私は本当に仕事ができない。同じ業務、◯◯さんもやってたはずだけどとっくに終わらせてたよね。きっと、ボーナスも◯◯さんのほうがもらってるんだろうな。仕方ないよな。悔しいし、自分が恥ずかしいな……」

一旦こうなると、ずっと「自分はできない」という考えが次々と、真夏の積乱雲のように湧いてくるのです。

では、こうなるともう考え事が止まらないのでしょうか？

そうではありません。

ふとしたことから、この状態も終わります。

「そういえば、今日の夕食何にしよう？」

そう、**頭の中の考え事を終わらせるのは、別の思いつき、考え事**です。

人は2つの考え事を同時にはできない。

何かを考えれば、さっきまで考えていたことは一旦中断されるのです。

劣等感で頭がいっぱいのときにも、この方法が使えます。

自分のできないことではなく、できることに目を向けるのです。

それは自分の長所に目を向けることです。

たとえば、上司のようにプレゼンテーションすることは苦手でも、資料の準備は得意だとか、リサーチ能力は高いほうだとか。

劣等感が湧いてきたら、あなたの長所を確認し、それを伸ばすことを考えてください。

すると自然と劣等感を意識しないようにできます。

消さなくてもいいので、意識しないという心持ちが大切です。

付き合い方② 理想が高すぎないか考えてみよう

劣等感の強い人は理想が高すぎるという言い方もできます。

たとえばテキパキ仕事ができる人に対して劣等感を抱いていたとしましょう。

その人の仕事ぶりは、並大抵の人にはできないレベルではありませんか？

そう考えてみることが大切です。

なぜなら劣等感の強い人にとっての「普通」は、ちっとも普通でないことが多いからです。

劣等感をそのままにしておくのではなく、**「これぐらいできなきゃ」と思っている理想が、妥当なものかどうか検証することが大切**です。

またその上で、**理想を変化させてみましょう**。

理想ではなく**「次の目標」を持つぐらいがちょうどいい**と思います。

「今は、週に1件契約がとれたらいいぐらいだから、来月には週に2件の契約を目指そう」といった感じです。

実際、あなたの理想とする人物も、こうやって少しずつ自分のできることを伸ばしていったはずなのです。

誰だって遠くのものには手は届きません。
少しずつ伸ばしていくしかないのですから。

付き合い方③ 負のループに陥ったらゆっくり休もう

劣等感が頭の中に渦巻いている状況は、これまでにも何度か説明した通り、「頭がおヒマ」な状況です。それを解除するために、今やっていることに集中する、別のことに取り組むなどしてみてください。

さらに、「休む」というのも1つの方法です。

ネガティブなことを考えるときは、疲れているときや体調がよくないときです。

あなたが元気ならば、あまりネガティブなことは考えないはずです。

たとえば、ぐっすり寝て気持ちよく起きたときに、いきなり劣等感に悩まされたりするでしょうか？　しないと思います。

おそらく「今日何をしようかな？」などと考えているはずです。**人は自分の状態にリンクしたことを考える傾向にある**のです。

ですから、**劣等感自体をどうにかするのではなく、自分の状態を整えるというのも大切な方法**です。

ゆっくり休んだり、リラックスしたりするのも充分に有効です。さっさと寝てしまうのもいいかもしれません。

付き合い方④

「できない」自分もいていいじゃない

「自分の劣等感を肯定する」という方法も面白いかもしれません。

どんな人にもできることと、できないことがあります。できないことに目を向けている限り劣等感に悩まされるのです。

それは逆に言えば、**「誰だって劣等感を持ちうる」**ということです。

あなたが「あの人と比べて自分はダメだ」と思っていたとします。

しかし、「あの人」にもできないことがあるのです。つまり、もしかしたら「あの人」も劣等感を抱えているのかもしれないということです。

どうせできないことがなくならないのなら、「今私はこれができないんだな」とそのまま受け止めてあげるのもいい方法です。

単純に「できないから、できるようになりたい」ということがあるのです。

つまりそれはあなたの目標なのです。

目標があるだけなのに、余計な感情を付加しているせいで、つらくなってしまっているのです。

できない自分がいるのは当たり前なんです。

できないことを単純に「次の目標」と捉えてぼちぼち目指していく。

そうすればポジティブにもなれるかもしれません。

付き合い方⑤

あえて劣等感をオープンにしてみる

劣等感を抱いている人の多くは、自分の劣等感を人に語るということはしません。

自分が気にしていることは、自分の問題であり、ときとして恥であるとすら考えているからです。

人に語るようなものではないと思っているのです。

しかし、この隠蔽が、劣等感をより深刻なものにしているかもしれません。

誰にも語らないということは、誰の意見も聞けないということです。

また、今までにも述べたように劣等感というのは、あまり根拠がないものです。実はさほどできていないわけではないとしても、そうは思えない。それが劣等感だからです。

それが誰の意見も聞かないままだと、修正される機会はありません。
むしろより深刻になっていきます。

深刻になると、より「誰にも言えない」となって、さらに根深いものになっていきます。完全に負のループに陥ってしまうのです。

ここから抜け出すためには、**「劣等感をオープンにする」**のがいい方法です。

「私、こういうコンプレックスがあるんだよね」などと口にしてみる。

するとたいてい「えー、そんなことないよ」という反応が返ってくるでしょう。

劣等感に苦しんできたあなたには、最初のうちはその言葉は心に響きません。「私を傷つけないために、お世辞で言っている」と思うからです。

しかし、何度もそんな反応が返ってくると、「そこまでではないのかな」とちょっと思えるかもしれません。

いろんな人に伝えても、そんな反応ならなおさら安心できることでしょう。その積み重ねがあなたの心を解きほぐしてくれるのです。

最初は、言いやすそうな人にちらっと言ってみる程度でいいです。慣れてきたら、気軽に言うようにしてみましょう。

そのうちに本当に大した問題には思えなくなってくると思います。

付き合い方⑥ 「今」に目を向けてみる

劣等感を気にするということは、過去に目を向けた行為です。劣等感というのは、過去の「自分にはできなかった」という記憶からきているからです。

人間は物事を考えるとき、「過去」「現在」「未来」と、目を向けやすい「時間」

が存在します。

そして、どこに目を向けるかによって、ストレスや生きづらさが変わっていくのです。

これまでにも触れてきたように、**1番ストレスなく、充実した生き方ができる人は「今」に目を向ける人です。**

「今」はコントロール可能で、自分が納得するように行動すればよいからです。

また、「今」に目を向けていれば、「何もすることができない」という無力感に囚われる必要はありません。

そのため劣等感が強い人には、「今」に目を向けることをオススメします。

劣等感があるのなら、それを軽減するために「今何ができるのか」考え、行動すればよいのです。

たとえば、「自分は不器用だ」という劣等感があるのなら、

「自分の得意なことを生かせる環境を考えよう」

「不器用な自分でもうまくこなせる方法を考えよう」

「この作業だけもうちょっと練習してみよう」

などと、やるべきこと、やりたいことが出てくるはずです。

そうなると**劣等感は「現在の目標」に変貌します**。


目標が積み重なれば、それは「夢」です。

未来を考えるときも、「今」につなげていけばポジティブに考えられるのです。

自己嫌悪を手放した先にあるもの

これまで、自己嫌悪の原因、その対策についてさまざまな角度から見てきました。

もし、自己嫌悪が手放せるようになると、どんな生き方が待っているのでしょうか？

それを知っていただくために、手前味噌ではありますが、私自身についてお話をしたいと思います。

私は、あまり自己嫌悪することがない性格です。

かつて若い頃は自己嫌悪に陥ることもありましたが、今ではほとんど実感しません。

ちなみに若い頃に自己嫌悪になった原因というのは、主に見た目のことでした。

大学生になるまで、受験中心の生活を送っていたこともあり、私はぽっちゃりしていました。

また運動神経も全くよくないので、スポーツにも興味がなく、内向的で地味な雰囲気でした。

さらにド近眼で、黒縁の度数の強い眼鏡をかけていました。

そのため、私自身は友達が多くて、スポーツもでき、お洒落ではつらつとした「若者らしい若者」に憧れていました。

憧れると同時に、それとは正反対の自分に自己嫌悪も感じていたのです。

もちろん、その頃の自分によい点がなかったわけではありません。ぽっちゃりはしているものの、背が高く体格は初対面で驚かれるぐらいよいほうです。

成績もよく、平和主義な性格で、よく「優しい」と言われました。

しかし、それは自分自身の「自己嫌悪」についてはほとんど意味を成しませんでした。

それが大したことには思えず、自己嫌悪の埋め合わせにはならなかったのです。

それが変わり始めたのは、大学生に入ってからです。

カリキュラム上、とてもヒマな時期があり、ヒマつぶしのために朝晩と散歩を始めたのがきっかけでした。

それまで運動らしいことはやらなかったので、1か月で6キロも体重が落ちたのです。

それに味を占めて、ジョギングに切り替えたところ、最終的には15キロのダイエットに成功しました。

ぽっちゃりだった自分の体はすっかりスリムになり、顔の大きさも半分ぐらいになったように感じました。

顔つきもシャープで、だいぶ雰囲気が変わりました。

ただジョギングはあまり面白くは感じられず、適正体重になると止めてしまいました。

その代わりリバウンドしないために筋トレを始めることにしました。

そのためにジムに通い始めました。

このジム通いがなかなかに面白く、私はすっかりはまってしまいました。

筋トレ自体も、すぐに効果が出始め、工夫のしがいがあるものでした。

また、スタジオレッスンにも参加してみたのですが、これが非常に面白いものでした。

エアロやヒップホップなど多彩なダンスが覚えられる上に、リバウンド予防にもなります。ジム仲間もできました。

そして、体型がすっきりしてきた私は、今まで劣等感を抱いていたファッションも楽しむようになりました。

最初は要領がわからず、やりすぎて奇抜だったのですが、だんだん自分に似合う服がわかるようになりました。

また、眼鏡もやめてコンタクトに変えてみました。

こうなると、もう最初の劣等感などどこかに吹き飛んでいました。

最初は、見た目のコンプレックスを解決しようと思っていたわけですが、途中からは純粋な趣味となりました。

すると「次はもっとこうしよう」という考えが次々湧いてきて、やってみたくなるのです。

今の私は**劣等感からは解放され、「自分のやりたいことを、自分のやりたいときにやる」というライフスタイルになっています。**

自分の生活環境も、自分独自のものになり、誰かと比較することもありません。

劣等感というのは、「自分に値段をつける」感覚であるとも言えます。

同じ価値観の延長線上に、自分と誰かがいて、値段をつけているのです。

しかし劣等感から解放されると、もはや値段はつけません。

誰も同じ価値観の上にはいないと思うからです。
それぞれが唯一無二のものなので、比較する意味がないのです。

こうなると、小さなモヤモヤはだいぶなくなり、人生が生きやすくなります。
自己嫌悪がなくなることで、本来の自分の人生に立ち返れるのです。

第 5 章

自己嫌悪から抜け出すためのワーク

ここまで、あなたを苦しませる「自己嫌悪」について、さまざまな角度から検証してみました。

それらをベースとして、あなたの自己嫌悪を具体的に手放す方法について考えていきたいと思います。

わかりやすくワーク形式で考えていくことにしましょう。

① 自己嫌悪について具体的に書き出す

私は**「書き出す」**はワークの基本だと思っています。

「悩み」がなかなか解決しないのは、まず言語化されていないからです。

言語されないと、何で悩んでいるのかすらよく理解できません。

当然解決しようもなく、漠然とモヤモヤし続けることになります。

また、言語化されないと「悩み」の輪郭がはっきりしません。

正体がはっきりしないとより不安に感じるものです。霧の中で歩いているようなものです。

「自己嫌悪」についても同様です。

自分がどんなとき、何に対して自己嫌悪に陥るのか、なるべく具体的に書き出す必要があります。

また、「書き出す」ことに慣れると、物事の言語化が得意になってきます。

すると、自己嫌悪以外のありとあらゆる悩みに対しても、対策しやすくなってきます。

書き出すときには、**「5W1H」を意識する**と書き出しやすくなります。

「5W1H」とは、英語の、

「When（いつ）」

「Where（どこで）」
「Who（誰が）」
「What（何を）」
「Why（なぜ）」
「How（どのように）」

のことです。自分が自己嫌悪に陥る状況をこれで分析してみましょう。

たとえば、友人のＳＮＳを見るときに、ふっと自己嫌悪に陥るとします。この状況をもう少し５Ｗ１Ｈで考えてみましょう。

- When
  友人のＳＮＳを見たとき
- Where
  オンライン上で

- Who
友達に
- What
キラキラした投稿
- Why
自分にはこんな生活はできないと感じた
- How
うらやましいと思った

と、こうなります。

これをまとめると、

「友人のSNSをチェックしたときに、キラキラした生活の投稿を見ると、とてもこんな生活のできない自分に自己嫌悪する」

という状況がわかってくるのです。

５Ｗ１Ｈは全部を埋める必要はありませんが、意識することで見落としなく言語化しやすくなります。

② 自己嫌悪の奥底にある「劣等感」を書き出す

次に、**自己嫌悪の奥底に、どんな「劣等感」があるのか考えてみます**。

自己嫌悪に陥る以上は、その「理由」があるはずです。

理由について考えていくと、自分の奥底にある劣等感に気が付くはずです。

①の例で考えてみましょう。

「友人のＳＮＳをチェックしたときに、キラキラした生活の投稿を見ると、とてもこんな生活のできない自分に自己嫌悪する」

ここにどんな劣等感があるのでしょうか？

たとえば「ステータス」や「お金」なのかもしれません。

その友人が、お金を持っていたり、社会的に成功したりしている「キラキラ感」が原因ならば、あなたは「お金」や「ステータス」に関して劣等感を持っていることになります。

また、「友人関係」に劣等感があるのかもしれません。

その友人が著名人とつながっていたり、大勢で遊んでいたりする様子が原因ならば、あなたは「友人関係」に劣等感があるのです。

これらをまとめて、全ての劣等感を書き出していきます。

この場合は、こうなるでしょう。

- ステータス
- お金
- 友人関係

③ 劣等感の「妥当性」について検証する

自分の「劣等感」について書き出せたら、次は**これらが妥当なものかどうか考えます**。

実はここが大切なポイントです。

というのも、前章で述べたように、劣等感というものは、本人が思いこんでいるだけで、実際には劣っているわけではないケースが多々あるからです。

劣等感の解決として、それを克服する方法もありますが、**「気にならなくなる」というのも大変重要な方法**です。

そのために、劣等感の妥当性について検証する過程が必要なのです。

そのためには次のような方法が考えられます。

客観的な数字やデータを出す

自分が劣っていると思うものの、具体的な数値があればそれを出してみましょう。

改めて数値を出すことで「さほどでもないな」などと考えることができます。

今回の例で言うと、

「私は地元企業のOLとして働いている。給料は平均よりちょっといいほう。友人は親友と言える人が2人。日頃から時々飲みに行ったり食事に行ったりする人が10人ぐらいはいる」

などと、自分の状況を冷静に見直すことができます。

他人に相談する

自分の劣等感について他人に相談してみましょう。

もちろん劣等感ですから、誰にでも相談できるわけではないでしょう。

「この人なら言えるな」という存在がいたらでいいと思います。

また相談の方法ですが、

「実は、○○が私コンプレックスなんだよね～」

と**雑談っぽく取り上げる**と話しやすいと思います。

相手の反応や話しぶりを見て、「自分が思うほどではないのかも」と思えたら成功です。

④ 劣等感を「目標」に変え、ゴールを設定する

ここまでの過程で、それでも劣等感が強い場合は、**「劣等感を目標に変える」**ことを検討してみましょう。

目標の立て方にはコツがあり、

- **なるべく具体的に立てる**
- **いつまでにどこまで進めるかまで考える**

ことが大切です。

というのも、劣等感が思いこみの要素が強い場合、具体的な目標を立てるときに気付く可能性が高いからです。

たとえば今回の例であれば、

「友人関係に劣等感があったけれど、冷静に考えれば今の友人の数で充分だよな。これ以上の友人がほしいわけじゃないな」

などと思い直すことができるからです。

もちろん「やはりもっと友人がほしい。来年までに今の倍、遊べる友達を作ろう」などと思うケースもあるかもしれません。

その場合はそれを目標として構いません。

5 劣等感を伴わない「目標」を考える

次に、劣等感を伴わない「目標」についても考えてみましょう。

劣等感は基本的には、何かで穴埋めできません。

劣等感を伴う目標は、「他人軸」だからです。

他人に評価される不安が原動力です。

しかし他人を完全にコントロールすることはできません。

そのため、人生の目標が全て、劣等感の穴埋めになってしまうと、キリがないラットレースに巻き込まれてしまいます。

どれだけ結果が出ても満足できなくなるのです。

そのため、**劣等感を伴わない目標**も必要になってきます。

たとえば、「今のままでもいいけれど、もっと突き詰めてみたい」という目標です。

それは純粋に自分がやってみたいもので、誰かからの評価を必要としないものです。ライフワークとも言えるでしょう。

たとえば、私の場合なら「文章を書きたい」という気持ちがあります。

もちろん、その文章が評価されるに越したことはないですが、そうでなかったとしても私は文章を書き続けると思います。

6 4と5をまとめ、自分の目標とする

4と5が出そろったら、それを自分の目標としてみましょう。

今回の例で言えば、

- 来年には主任になる。できなければ転職も考える
- 給料を5年後には今の1・5倍にする
- 友人の数は今のままで充分。今いてくれる人をより大切にする

・いずれ医療の仕事についてみたいと思っていたので、今年中に医療事務の資格をとる

などとなるでしょう。

今までの過程の中で、必要のないと納得できた「劣等感」は小さくなり、また「劣等感」を伴う目標も、具体化することによって少し前向きなものに変わっています。

また劣等感を伴わない「自分軸」の目標を合わせることで、さらにポジティブな目標になっていることに気が付くと思います。

ここまでくると、最早「劣等感」の原型はだいぶ消えています。

⑦ 実行する

ここまできたら、**あとは実行するのみ**です。

当面の目標は⑥であり、それを目指しながら日々がんばってください。

人間は、やることがなく頭が「おヒマ」になっているとよからぬことを考えるものです。

その1つが「劣等感」なのですが、それを人生の目標に加工してしまいました。**目標に向かっているうちは、やることがあるので頭がおヒマになりづらくなります**。だからラクになるのです。

また**より頭を「おヒマ」にしないためには、毎日具体的な目標があるほうがいい**です。

⑥は中長期的な目標なので、これを日々の課題に落とし込んでみるといいでしょう。

たとえば今回の例ならば、ある日の目標は次のようなものになると思います。

・医療事務の講座の資料を取り寄せる
・資格がとれたら働きたい医療機関のリストを作る
・幼馴染のMさんに、久しぶりに会わないか連絡してみる

⑧ 定期的に「未来予想図」を作り、自分の目標がどれだけできているか、次にどうしたいかを確認する

こうして作った目標も、いつの間にか忘れてサボってしまうことがあります。それを防ぐためには、**「自分の目標がどれだけ達成されたか」、ときどきチェックして自分にフィードバックする**とよいでしょう。

いわば自分への定期面談です。

これは実際に私がときどきやっていた方法です。

数か月後、半年後、1年後、いつでもいいのですが、⑥に基づき自分がどうな

っていたいかを考えます。

なるべく箇条書きで書くとよいでしょう。


そして、数か月後、振り返ってみて自分がどれだけ達成できたか確認します。

そしてまた**次の「未来予想図」を作る**のです。

ここで達成できた項目は除外します。


これを行うと、**常に自分の目指しているものが意識化され、それにつながるチャンスがあったときに、見落とさずに取り組むことができます**。

かなり無謀そうなことでも、数年たつとできていたりするのです。

また、「なんとでもなるのだ」という自信にもつながります。


私が「未来予想図」を始めたのは、パートナーが亡くなり、仕事も先が読めずつらい時期でした。

あの頃は自分がどうにかやっていけるのか不安で仕方がなかったです。

しかし、「未来予想図」を始めて10年以上がたつ現在、もう作ることもなくなりました。

自分がどうしても達成したかったことが達成できたからです。おかげで今は毎日を大切に楽しみながら生きています。

おわりに

この本を書くにあたって強く意識したのは、**「具体的に実行可能であること」**です。

たいていの自己嫌悪はひょんなときに、ふわっと心の中に沸き上がってきます。そして、その瞬間、なんとか見て見ぬふりをしてその場をやり過ごしているのです。

しかし、この方法だといつまでたっても自己嫌悪は薄れていきません。それどころかボディブローのように蓄積していきます。結果として、自分に全く自信が持てず、人生にも輝きを感じなくなります。**それを防ぐために必要なことが、「これならなんとかできそうだ」という感覚**なのです。

この本が皆様の「自己嫌悪」に対する取扱説明書になれば幸いです。

一から全部をやる必要はありません。

できそうなことを少しずつ。それだけで、確実に「自己嫌悪」に対策できるようになっていきます。

「自己嫌悪」を手放して、ぜひ、自分らしい人生を歩んでください。

精神科医　Ｔｏｍｙ

２０２５年３月

〈著者〉
精神科医 Tomy
1978年生まれ。東海中学・東海高校を経て、名古屋大学医学部卒業。医師免許取得後、名古屋大学精神科医局入局。精神保健指定医、日本精神神経学会専門医。39万フォロワー突破のX（旧ツイッター）が人気で、テレビ・ラジオなどマスコミ出演多数。著書『精神科医Tomyが教える1秒で不安が吹き飛ぶ言葉』に始まる「1秒シリーズ」は、33万部突破のベストセラーとなり、『精神科医Tomyが教える心の執着の手放し方』の小説シリーズも反響を呼ぶ。最新作は、『精神科医Tomyのほどほど力』。

精神科医Tomyの自己嫌悪の抜け出し方

2025年3月30日　初版第1刷発行
2025年4月30日　　　第2刷発行

著　者——精神科医 Tomy

発行者——張 士洛
発行所——日本能率協会マネジメントセンター
〒103-6009 東京都中央区日本橋2-7-1 東京日本橋タワー
TEL 03(6362)4339(編集)／03(6362)4558(販売)
FAX 03(3272)8127(編集・販売)
https://www.jmam.co.jp/

装丁・本文デザイン——奈良岡菜摘
イラスト——長野 美里
本文DTP——株式会社RUHIA
印刷所——シナノ書籍印刷株式会社
製本所——株式会社新寿堂

ISBN 978-4-8005-9313-9　C0011
落丁・乱丁はおとりかえします。
PRINTED IN JAPAN